할짝 심리학²

나도 모르는 내 마음의 병

할짝 심리학 2

초판 1쇄 발행 2020년 12월 11일
초판 2쇄 발행 2024년 1월 30일

글·그림 이한나

펴낸이 조기흠
총괄 이수동 / **책임편집** 최진 / **기획편집** 박의성, 유지윤, 이지은, 김혜성, 박소현, 전세정
마케팅 박태규, 홍태형, 임은희, 김예인, 김선영 / **제작** 박성우, 김정우
디자인 이슬기

펴낸곳 한빛비즈(주) / **주소** 서울시 서대문구 연희로2길 62 4층
전화 02-325-5506 / **팩스** 02-326-1566
등록 2008년 1월 14일 제 25100-2017-000062호

ISBN 979-11-5784-464-7 03400

이 책에 대한 의견이나 오탈자 및 잘못된 내용에 대한 수정 정보는 한빛비즈의 홈페이지나
이메일(hanbitbiz@hanbit.co.kr)로 알려주십시오. 잘못된 책은 구입하신 서점에서 교환해드립니다.
책값은 뒤표지에 표시되어 있습니다.

⌂ hanbitbiz.com 🅵 facebook.com/hanbitbiz 🅽 post.naver.com/hanbit_biz
▶ youtube.com/한빛비즈 📷 instagram.com/hanbitbiz

지금 하지 않으면 할 수 없는 일이 있습니다.
책으로 펴내고 싶은 아이디어나 원고를 메일(hanbitbiz@hanbit.co.kr)로 보내주세요.
한빛비즈는 여러분의 소중한 경험과 지식을 기다리고 있습니다.

할짝 심리학 ²

나도 모르는 내 마음의 병

이한나 글·그림

우울증

메에? 우울즈으응? 부지런함의 반대말이 뭔지 아나? 우울이다. 일하기 싫은 핑계를 잘도 갖다 대는 구나잉. 나 때는 말이야아…

공황

공황? 그거 연예인병 아냐? 그 정도 가지고 힘들다고 집 밖엘 안 나온다고? 그냥 의지 부족 아님?

조현병

어휴. 그 사람들 싹 다 잡아 넣어야 해. 예비 범죄자들 아녀. 무서워 죽겠다구우.

사이코패스

많은 세월 오해받았던 정신질환들

그리고 정신장애를 앓았던 천재들의 이야기.

할짝 심리학 2!

차례

1화

우울증에
대하여

인간은 우울하다.

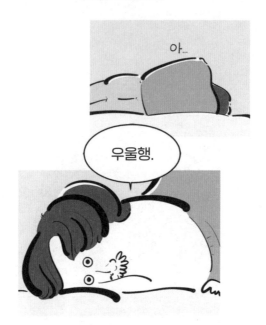

날이 좋아도 우울하고

날이 구려도 우울한데...

그렇다고 우울증과 헷갈려서는 안 된다.

모든 질병에 경중이 있듯 정신질환도 마찬가지다.

그런데도 우울증이 단순한 의지박약 탓이라는 인식이 짙다.

그러나 우울증도 엄연히 치료가 필요한 질환으로

신경전달물질 이상을 주원인으로 꼽을 수 있다.

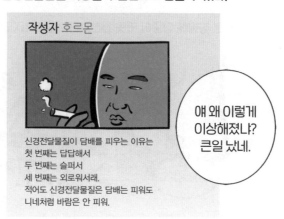

뇌에서는 다양한 신경전달물질이 만들어지는데

이 신경전달물질들은 뇌 신경세포인 '뉴런'을 통해 전달된다.

*실제로는 이렇게 생겼습니다.

앞의 신경전달물질 중 우울증과
깊은 관련을 가지고 있는 것이
바로 이 녀석...

다음 뉴런으로 떠나는 세로토닌이

이 과정에서 별안간 사라지거나

출발지로 강제송환되기도 하는데

이상하네…

웅성 웅성

GABA, 도파민, 엔도르핀,
아세틸콜린은 출근 했는데
세로토닌만 결근이야.

가만 좀
있으라구

얼쑤!

바글바글

얘가 기분, 섭식
담당인데 이렇게
사라져버리면…!

**이런저런 이유로 세로토닌이 부족해지면
우울증에 걸릴 수 있다.**

오오… 불안하고
근심이 가득하며
충동적이 되어버렷…!

주인님 정신건강이
너무 위험해지는데…

인간의 의지로 신경전달물질을 만들 수는 없으므로

지금은 비록
베개일 뿐이지만
사랑을 듬뿍 주면
언젠가 반드시
생명을 얻을 겁니다.

*절대 안 됨.

치료를 위해서는 약물의 도움을 받아야 하는데

아무나 할 수 있는 게
아니그등요.

프로에게 맡기라
이거예요.

*대표적 약물 프로작(PROZAC)

SSRI라고도 불리는 이 약물은

처방해주신
이 SSRI는
무슨 뜻인가여?

S 세로토닌을
S 선별해서
R 재흡수를
I 막는 겁니다.

* Selective
Serotonin
Reuptake Inhibitors

음이 전혀
안 맞는군요.

앞으로 세로토닌은
이 프로작이 지켜줄게.

옴마, 세상
든든해브러.

세로토닌이
사라지는 것을 막아주어
제 임무를 다하도록 돕는다.

그러나 무엇이든 과유불급인 법...

번쩍

너무 많아지면 다른 문제들이 생기는데

꺄아악!!
이게 뭐야!!!

심박이 증가하고

근육이 떨리거나

고혈압이 생길 수 있으며

심할 경우 사망할 수도 있다.

**세로토닌을 운반하는 유전자 길이도
우울증과 깊은 관련이 있는데**

**길이가 짧으면 우울증에 걸릴 확률이 두 배 정도
높아진다고 한다.**

그렇다면 우울증 증상은 뭘까?

1일 차

최소 2주 이상 무기력, 우울감, 죄책감 등의 증상이 나타나고

2주 차

식욕이 사라지거나

불면증에 시달리기도 하는데

반대로 폭식을 하거나

너무 많이 자기도 한다.

기력이 사라져 일상생활을 하기도 힘들며

즐거움도 느끼지 못하게 되는데

이 모든 것보다도 위험한 증상은

자신에 대한 그릇된 사고다.

이 세상에서 제일 못나고 등신 같은 게 누군지 비춰주련?

아항, 나구나.

이것이 곧 자살충동으로 이어질 수 있기 때문.

그렇다면 못난 나를 없애서 혼내주자.

최고의 코미디 배우 로빈 윌리엄스도 우울증으로 생을 마감했고,
짐 캐리도 우울증으로 고통받았는데

대표작
〈굿 윌 헌팅〉

대표작
〈마스크〉

헤르만 헤세의 소설 ≪수레바퀴 아래서≫에도
우울증 환자가 묘사되어 있다.
소설 속 주인공 한스 기벤라트는

늘 타인이 원하는 삶을 살며

엄청난 기대에
짓눌린 채
압박과 부담감을
떠안아야 했다.

명문 학교에 합격한 뒤에도 마음 편할 날이 없던 그는

우울증상에 시달리게 되는데

학교에도 적응하지 못하고

또다시 자신이 아닌 타인의 선택에 따라 기계공이 된다.

한 번도 자기 자신으로
살지 못한 한스는

결국

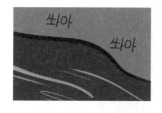

석연찮은 죽음으로 삶을 마감한다.

이토록 기구한 삶을 살았던 한스는

사실

작가 헤르만 헤세 그 자신이다.

오메 힘든거.

그도 인생의 성공을 위해 명문 신학교에 진학했지만

적성에 맞지 않아 때려치우고 작가가 되었는데

그 역시 우울증에 시달렸으니...

결국 남들 좋다는 대로만 살다 보면
수레바퀴에 깔릴 수 있다고 경고하는 듯하다.

헤세는 100년 전 사람이지만 지금이라고 뭐가 다른가?

세월 초월 잔소리

**자신이 어떤 사람인지 알지 못한 채
타인의 기준에만 맞추어 살아가는 사람들…**

**이런 환경에서 우울증
환자들이 늘어나는 현상은
결코 우연이 아닐 것이다.**

앞에서 보았듯
한 분야에서 정상에 오른 인물들도 예외는 아닌데

이들에게 최고의 코미디 배우라는 이미지는
버거운 수레바퀴였던 셈이다.

우울증은 실패한 사람도

성공한 사람도

게으른 사람도 걸릴 수 있는 질병이다.

이렇듯 우울증은 결코 가벼운 질환이 아니지만
그렇다고 너무 겁낼 필요는 없다.

아픈 곳이 마음일 뿐 육체적 병과 마찬가지라고 보면 된다.

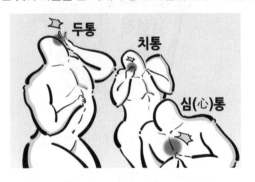

병원에 가는 것처럼

이런 증세가 보이면 치료를 받아야 한다.

신경전달물질 이상일 수 있으니 약물 치료를 하고

나만의 삶을 살아가는 연습도 필수적이다.

그리고

**이 모든 것만큼이나 중요한 조건은
주변의 공감과 지지다.**

우울증은 말하지 못해 생긴 병이라는 말이 있다.

나를 함부로 평가하지 않고 먼저 이해하고 공감해주는 사람은

아닌데? 나 그렇게 생각 안 해.
누가 상황 다 따져가며 힘드니?
네가 힘든 데는 분명
그럴 만한 이유가 있는 거야.

음? 독심술?

우울증 치료의 든든한 첫걸음이 되어줄 수 있다.

내가 유난이고
이상한 게 아니라

두근두근 세근세근

그럴 만하다는 게
진짜일까?

마지막으로

우울증을 극복한 짐 캐리는 이렇게 말했다.

중요한 사람이
되고자 하는 욕구는
고통만 가져다줄 뿐입니다.

이런 고통에서 벗어나려면 중요한
'누군가'가 되어야 한다는
강박을 떨치는 게 먼저죠.

겉으로 드러난 '나의 이미지'를 유지하려고
너무 애쓰지 말아요.

문명화가 낳은 질병, 우울증

우울증은 문명화가 낳은 질병이다.

어린 세대일수록 우울증 환자 수는 급증한다.

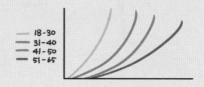

우리 몸에는 '투쟁 혹은 도피' 시스템이 장착되어 있다. 위험한 상황에 맞닥
뜨렸을 때 싸우거나 도망가기에 좋은 상태로 신체를 준비시키는 것인데, 이
상황은 보통 짧게는 몇 초에서 길게는 몇 분간 지속된다.

위기 상황   신체 준비

위기 상황이 지나가면 신체는 다시 안정을 되찾는다. 문제는 현대사회에서
이 투쟁 도피 모드가 몇 주에서 몇 년까지 지속된다는 것.

언제 올지 모르는 상사의 전화

나의 목을 노리는 정리해고

현대 인류는 엄청난 문명의 발달로 불과 200년 전에는 상상도 할 수 없던 삶을 살고 있다. 하지만 문제는 우리의 하드웨어가 원시인이랑 별로 다를 바 없다는 점이다. 즉 수십만 년 동안 인고의 세월을 거쳐 만들어진 몸뚱이 가 급격하게 발달한 현대사회에서의 삶에 적응하기 어려워하는 것.

따뜻한 햇볕도 쬐여주고 나가서 달리며 사냥하고 잠도 쿨쿨 자도록 설계된 하드웨어를 지녔건만, 해도 잘 들지 않는 사무실에 10시간 넘게 앉아 근무 하고 잠도 충분히 자지 못하는 데다 만성 불안에 시달려야 하는 환경이다. 이쯤 되면 고장이 안 나고는 배길 수가 없다.

자매품

우리의 몸은 원시인의 그것임을 기억하자. 비록 원시 시대의 인간처럼 똑같이 생활할 수는 없겠지만 적어도 일주일에 세 번 30분씩 밖에 나가 걷기만 해도 아주 좋은 효과를 볼 수 있다고 한다.

죽음의 공포, 공황장애

최근 많은 연예인들이 고백하면서 널리 알려진 이 질환은

불안장애 범주에 속하며

가장 강력한 레벨을 자랑한다.

널리 알려지다 보니 불안증세와 착각하는 경우도 많은데

단순한 긴장 상황과는 차원이 다르다.

공황의 증상으로는 몸이 떨리거나 후들거림

비현실감

심장박동이 크게 높아짐

흉통

과호흡으로 인한 질식감, 죽을 것 같은 공포 등이 있다.

심장은 나대고
명치는 후드려 맞고,
나 진짜 죽을 것 같아브러.

증상이 증상이니만큼 신체적 질병으로 오해하기 쉽지만

의사 선생님, 필시 어디가
큰일 난 것이 분명해요.
그러지 않고서야 이럴 리가
없어브러요…

지잉

막상 신체에는 전혀 이상이 없으며

**결국 실체 없는 두려움 속에서 또다시 증상이 발현될까 봐
외출을 두려워하게 되는데**

실제로 공황은 전혀 위협적 상황이 아닌데도 갑자기 나타난다.

별일도 없는데 유난 떤다고 지적하는 사람도 있기 마련이지만,
공황장애를 앓는 사람은 살해 협박 공포를 느끼고 있는 것과 다를 바 없다.

그렇다면 이 실체 없는 공포는
도대체 왜 생기는 걸까?

여기 한 어머니가 있다.

꺄악! 비상! 비상!!

성분 채취!

이 어머니는 매사에 격한 염려를 표출하는데

엄마 제발!
그냥 감기야

내 새끼 뒤져분다!

의사 양반들, 내 새끼 좀
싸게싸게 치료해주소!

**이런 어머니 밑에서 자란
아이는 몸이 건강할지언정**

정신건강은 크게 쇠약해진다.

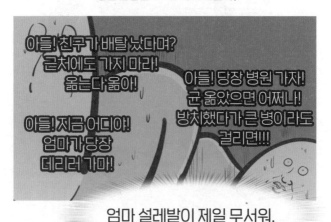

그런데 이런 어머니가 내 머릿속에 있다면 어떨까.

우리의 뇌 속 편도체는

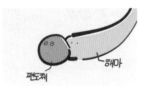

살아가면서 겪는 나쁜 일들을 관리하는데,

*편도체 옆 해마는 기억을 담당한다.

후에 유사한 경험을 하게 되면 편도체가 알람을 울린다.

자라 보고 놀란 가슴 솥뚜껑 보고 놀란다는
속담이 있을 정도로
이런 경험은 흔하지만

**앞에서 얘기한 어머니처럼
시도 때도 없이 반응하면 공황장애가 온다.**

사실 편도체가 오바쟁이가 되는 이유가 있다.

우리 몸에는
투쟁-도피 시스템이
장착되어 있는데

대체로 일이 돌아가는 상황을 지켜보고 두 선택지 중 택일한다.

뇌는 위급 상황에서 싸우거나
신속히 튀기 위해 몸을 준비시키는데

시야를 넓히기 위한 동공 확장

전투 중 지리지 않도록 방광 확장

내가 봤는데 방광 크기가
이-이만 하더라니까!

근육을 서포트하기 위해 다른 장기 에너지 뽑아먹기

요놈들, 에너지를 내놓거라!

즉각적 대응을 위한 심장박동 증가

도 도

나 언제까지
이래야 해잉!

이런 상태는 전시 모드가 끝나면
원래대로 돌아온다.

그런데 만일 긴장상태가 수시로 발동되면 어떨까?

어린 시절 심하게 강압적인 환경이나

뇌의 기제가 매우 민감하게 바뀌어버리는데

신체가 어느 정도의 스트레스는 견뎌준다고 해도

쌓이고 쌓이면 결국 공황 발작으로 터져버린다.

보통 사람도 몸이 과각성되면 작은 자극에도
예민해지는데 늘 긴장 상태인 공황 환자는 오죽할까.

매우 예민한 뇌는 정상적인 신체와 정서 반응도
예외 없이 위험 상황이라 판단해버린다.

적을 알아야 백전백승이건만,
인과관계가 보이지 않는 공황에는 어떻게 대처해야 할까?

공황에 대처하는 방법을 몇 가지 소개하자면

첫째, 나의 부정적 예측(what if)은
거의 일어나지 않음을 알아야 한다.

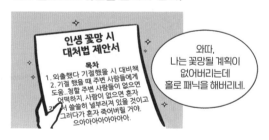

공황의 원인을 모르다 보니
공황장애 환자들은
변수가 많은
외출을 특히 꺼리게 되는데

실제 위험요소가 아닌 '생각'이
더 심한 공황을 만들 뿐
나쁜 일은 거의 일어나지 않는다.

그렇기에 내 생각을 다스리는 게 중요하지만 막상 발작이
일어나면 이성적 사고를 하기란 불가능에 가깝다.

이때 생각카드가 큰 도움을 줄 수 있다.

수능 등 인생의 큰 이벤트를 치를 때 쓰는 방법으로

발작이 일어나 제대로 된 사고를 할 수 없을 때
이성적 판단을 돕고 안정을 찾아준다.

둘째, 공황은 절대 나를 해칠 수 없음을 알자.

아니, 나도 억울하다 이거거든.
평생 이사도 못 가고
이 몸에 세 들어 살아야 하는데
내 집에 굳이 나쁜 짓을 하겠냐
이거예요.

공황은 뇌가 괜스레 부리는 행패가 아니다.

너 진짜
개 마음에 안 들어.
확 마 죽여버린다.

신
체

그럼 너도 죽잖아…

극성 엄마가 자식을 해치지 않듯 공황도 마찬가지.

이상 신호 감지!
심장 뛸 준비하소!

뭐! 왜! 또!

엘리베이터 탑승했다!
질식사한다!!!

야! 니 설레발 때문에
먼저 뒈지겠다!!!

**마지막으로 공황 발작에는 반드시 이유가 있다는 걸
인지하면 도움이 된다.**

굉장히 뜬금없어 보이고

나약하고 의지가 없는 사람이 걸리는 병처럼 보이지만

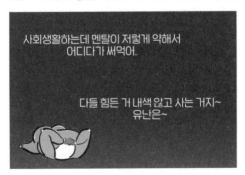

**발병 원인이 너무 오래됐고 자주 반복됐기에
당사자조차 왜 그런지 모를 뿐이다.**

이토록 예민해진 뇌에는 약물 치료가 필요하며

과거의 트라우마를 찾아내어

공황의 원인을 이해하는 상담치료를 받는 것도 중요하다.

만약 과호흡이 지속되면 복식호흡으로
숨을 짧게 들이 마시고 내뱉는 연습을 하고

불편한 신체 증상에 집중하면 더욱 불안해지므로
다른 곳으로 정신을 분산하는 것도 한 방법이다.

공황장애는 심신이 나약하기 때문에 걸리는 질환이 아니다.

전쟁통에 여유 부리는 사람은 없지 않은가?
공황장애 환자들은 전쟁 같은 삶에서 살아남기 위해
과보호 기제를 발달시켰을 뿐이다.

그러니 개인의 상황을 잘 모르는 상태에서
함부로 타인을 평가하거나 일률적 기준을 강요해서는 안 된다.

대상과 정도는 다르지만
모두 두려워하는 게 있기 마련이고

이런 면에서 우리 모두 어느 정도는 공황장애 환자니 말이다.

공황장애 증상 컨트롤하기

공황장애 증상 중 하나인 과호흡을 질식과 혼동하는 경우가 많다. 질식은 산소가 폐로 들어가는 경로가 차단되어 발생하지만 과호흡은 단어 그대로 숨을 과하게 들이마셔서 생기는 증상이다.

지금 바로 숨을 들이마시고 내뱉지 않은 상태로 또 숨을 쉬고 또 숨을 쉬어 보자. 산소가 계속해서 쌓여 산소를 더 받아들일 공간이 없어지므로 호흡이 불가능해진다. 이럴 때는 대부분 덜컥 겁이 나서 숨을 더 깊이 쉬어보려 노력한다. 하지만 과호흡 증상이 생겼을 때 중요한 것은 오히려 내쉬는 작업이다. 짧게 짧게 숨을 내보내다 보면 과호흡이 진정된다.

공황이 발생하면 이 상황에 대한 컨트롤을 잃지 않을까 두려워지는데 이럴 때는 주변 환경에 집중하는 것이 도움이 된다. 옆에 있는 사람의 인상착의를 하나씩 속으로 읊어본다거나 주변에 가방을 멘 사람 사람을 찾아 수를 헤아려보자. 스스로 과제를 주어 하나씩 답을 하다 보면 자연스레 신체 증상에 집중됐던 정신을 외부로 옮겨 공황 발작을 줄일 수 있다.

스트레스가 공황 발작의 원인인 것은 맞지만 이 밖에 생물학적 요인도 주요한 원인임이 밝혀지고 있다. 대표적으로 세로토닌, 가바, 노르에피네프린 같은 신경전달물질의 이상이나 뇌의 이상을 꼽을 수 있다.

3화

내 안의 목소리, 조현병

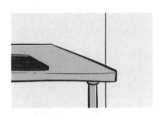

탕!

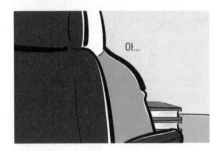

아...

여기 이 대학생…

과제하기 싫다.

세상에 재밌는 게
을매나 많은데
이딴 걸 해야 해.

**대개가 그렇듯 인생에 대한 고민과 함께
일상을 보내는 평범한 대학생이지만**

그녀에게는 비밀이 하나 있었으니

보여서는 안 될 것들이 보인다는 것.

낯선 비난을 받는 건 누구에게나 힘든 일이다.

**이럴 때 보통은 친구들과 수다를 떨거나
아예 그 자리를 떠나 마음의 평화를 얻는다.**

그런데 만일 피할 수 없는 비난이 들려오고

누구도 알아주지 않는다면 어떨까.

영국에 사는 카일이라는 청년은 과거 어떤 사건을 겪은 뒤부터 이런 소리를 계속해서 들었으며

체즈라는 여성은 자기에게만 들리는 목소리를 감당하지 못하고
극단적 선택을 하기에 이르렀는데

영화 〈뷰티풀 마인드〉의 실제 주인공
존 내시가 앓았던 병도 조현병이다.

*조현병 증상 중 하나인 망상장애가
특히 심했다.

그런데 이 증상들 어딘가 낯익지 않은가?

보인다 보여.
들린다 들려.

위험한 것이
보인다.
위험한 것이
들려.

미쳤네. ㅇㅇ

일명 광인…

사실 귀신 들렸다고 묘사되는 사람들과
조현병 환자의 모습은 매우 유사하다.

예끼!
미치긴 누가 미쳐.
그 위험한 것이 바로
네놈들 뒤에 있다.

히익! 무서워브러!

이 유사점 때문에 악령을 퇴치하는 엑소시스트는
클라이언트를 매우 꼼꼼히 살펴보는데

내가 느그들을 전부
심판할 것이야.
써억 꺼지거라!

신부님요,
우리 딸
귀신 들렸죠??

클라이언트 대부분이 조현병 환자로 결론 난다고 한다.

하지만 조현병을 바라보는 대중의 시선은 여전히 이러한데...

미디어에 비춰지는 이미지가 너무 부정적인 데다
접하기 어려운 생소한 질환이기 때문이다.

하지만 정말 우리 주변에 조현병 환자들이 없을까?

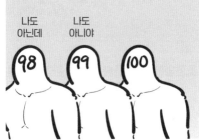

전체 인구 중 1%를 차지하는 조현병 환자들

적은 수치가 아님에도 대부분은 접해본 적이 없을 텐데

*수치상 이야기입니다.

**그건 조현병에 '양성증상' (망상, 환각 등) 말고도
'음성증상'이 있기 때문이다.**

분위기와 정반대인 기분을 표출하거나

삶의 의욕을 잃거나

인지능력이 떨어지기도 하는 게 대표적 음성증상이다.

명철아, 오랜만이네.
그새 폭삭 늙었구나!

오오옹...? 누구여
내 친구들은 진즉
가브렸는디이...

그리고 나
명철이 아니여...

이런 증상을 보고 조현병이라고 알아채기란 쉽지 않다.

의욕 없고 인지능력이 없는 게
조현병이라고? 완전 난데.
그럼 혹시 나도...?

혹시 나도 병?

내 주변에 조현병 환자들이 없는 다른 이유는...

만일 칸영화제에
'일상생활 연기대상'이 있다면
조현병 환자들이 후보에
올랐을 거예요.

*TED 강연
세실리아 맥가우

보이니까 보인다고 했을 뿐이고

들리니까 들린다고 한 것뿐인데

**말해봤자 배척만 받기 때문에
입을 닫는 것이다.**

막연하게 그저 힘들겠다 정도로 생각할 수 있지만

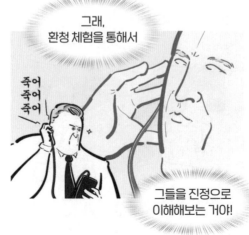

직접 조현병 체험을 했던
미국 CNN 앵커 앤더슨 쿠퍼는 이렇게 말했다.

그렇게 힘들면 치료받으면 되지 않나 생각할 수 있지만

원인이 한두 가지가 아니다 보니
생각만큼 쉽지만은 않다.

현재까지 밝혀진 원인 세 가지 정도를 소개하자면
첫째, 도파민의 증가가 있다.

*우울증 파트에도 등장했던
그 아이

도파민은 이런 것들을 담당하는데

학습

몸놀림

각성

도파민이 지나치게 많아지면
조현병을 가져올 수 있다는 연구결과가 있다.

둘째, 환각으로 고통받는 환자의 경우
뇌의 '시상'이 대단히 활성화되어 있다고 한다.

시상이란 부위는 온갖 감각을 받아들여
대뇌에 전달하는 역할을 하는데

혼자 열일하다 보면 없는 것도
보고 느끼게 만들어버린다.

마지막으로 편도체가 과활성화되는 것도 원인 중 하나다.

**공포 기억을 담당하는 곳이다 보니
이곳이 민감해지면 공포영화가 재생되는 것이다.**

이처럼 조현병의 원인은 다양하지만

단독 원인이 아닌 여러 원인의 합이 맞아야 발생하는데

이들이 궁합을 이루도록 도와주는 요소는
만병 발생 치트키 스트레스다.

스트레스 발생 원인에는
갑작스러운 이사

과도한 학업

결별 등 그 요인이 매우 다양하며

그만큼 어렵고 복잡한 병이지만 치료법은 있다.

도파민을 받아들이는 수용체를 차단하는 약물도 있고

세 달에 한 번만 맞아도 되는 주사가 있을 정도로
치료법이 발달했는데

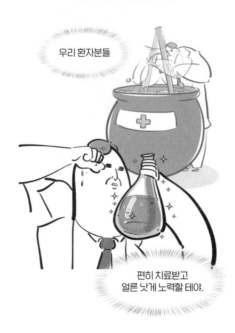

이처럼 치료법이 발달했음에도 특히 망상장애는 치료가 어렵다.

**망상장애 환자는 자신이 정상이라 믿어
치료를 거부하기 때문인데**

정말 답답하지만 이들에게도 이유는 있다.

망상장애를 이해하기 위해 질문을 드리겠습니다. 혹시 이 중에서 결혼하신 분 계십니까?

저요.

좋습니다, 선생님. 혹시 결혼 몇 년 차 되십니까? 아내 분 성함은요?

임상 심리학자 자비에르 아마도르는 TED 강연에서 한 남성에게 이런 질문을 던진다.

46년 차고 엘레노어입니다.

엘레노어 씨군요. 아내 분은 지금 어디에 계시죠?

지금은 뉴욕에 있답니다.

그렇군요.

그렇지만 선생님은 사실
엘레노어 씨와
결혼한 적이 없습니다.

엘레노어 씨와 그분의 남편은
최소 20년 이상 선생님께
스토킹을 당해왔답니다.

?????????

?????????

스테이지 뒤편에 선생님의
접근 금지 명령서가 있는데
원하시면 보여드릴까요?

엘레노어 씨에게
프러포즈하셨다고 했죠?

네, 그렇습니다만…

그런 일은 전혀
일어나지 않았습니다.

?????

자기가 알던 세상을 통째로 부정당하는 경험은
누구에게든 간단한 일이 아니다.

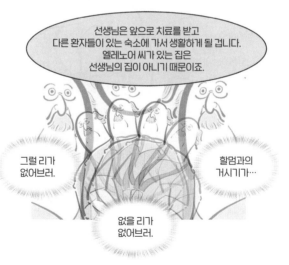

선생님은 앞으로 치료를 받고
다른 환자들이 있는 숙소에 가서 생활하게 될 겁니다.
엘레노어 씨가 있는 집은
선생님의 집이 아니기 때문이죠.

그럴 리가
없어브러.

할멈과의
거시기가…

없을 리가
없어브러.

이 남성은 상황극인 것을 알면서도
저항, 분노, 슬픔 등의 감정을 느꼈다고 한다.

그러니 실제 조현병 환자들은 자신들이 병에 걸렸다는 사실을
받아들이기 더욱 어려울 것이다.

스스로는 받아들이기 어려우니
가족들이 강제 입원을 시키면 안 되는가 싶지만

우리나라는 환자의 인권이 우선이라
강제 입원이 쉽지 않다.

모든 병이 그렇듯

시기가 늦어지면 완치될 확률이 떨어지는데

이처럼 치료 과정이 어려우면 환자뿐 아니라 가족들까지 위험에 노출된다.

조현병은 방치하면 두려움의 대상이 되지만

느들이 나를 해하기 전에 내가 느그들을 심판할 것이야.

숙자 할멈은 20년 전에 죽었다니까아아아.

**치료를 제대로 받으면 좋아질 수 있기에
환자의 인권과 치료가 적절한 균형을 이루어
적기에 치료받을 수 있는 제도가 마련되어야 한다.**

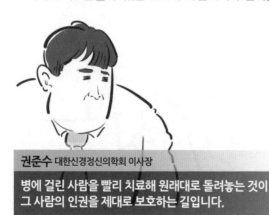

권준수 대한신경정신의학회 이사장

병에 걸린 사람을 빨리 치료해 원래대로 돌려놓는 것이
그 사람의 인권을 제대로 보호하는 길입니다.

조현병 환자는 미친 사람도 악령 들린 사람도 아니다.

치료를 받으면 호전될 수 있는 환자일 뿐

머릿속에서
목소리가 들렸던 카일은
치료 후 일상생활이
가능해졌고

*83쪽 참고

치료받았더니
목소리가
안 들립디다.

극단적 선택을 했던 체즈는
다행히 살아남아 치료를 받고
자신만의 방식으로 조현병과 싸우고 있다.

너는 나를
해칠 수 없어

스키조프레이니아*.

*조현병

그리고

제게는 조현병에 걸린 형이 한 명 있습니다.

자비에르 아마도르 교수

아 쫌!! 엄마가 진짜 나 죽이려 한다고 동생 놈아!!!

말이 되는 소리 좀 해라. 그런 소리 할 시간에 제발 병원에나 가.

늘 이상한 소리만 해대는 형과 하루가 멀다 하고 싸웠는데요.

끝나지 않을 것만 같은 갈등을 끝내준 게 있었으니…

음… 그런데 생각해보니 진짜 저렇게 생각하면 엄청 무섭지 않을까?

근데 심지어 죽이려는 사람이 엄마래, 지자스.

형!

병원무새 극혐.
또 그 말 할 거면
써억 물렀거라.

크로오스 빔!

약물 치료와 병원 치료만큼이나 중요한 것

엄마가 형을 해치려 하다니…
물론 그런 일은 세상천지에 없겠지만
그게 얼마나 무서운 일일지
생각해봤어. 매일매일 경계하고
믿을 사람 하나 없으니
참 힘들었을 것 같아.

형 마음 헤아려주지도 않고
무조건 이상하다
병원 가라 해서 미안해… 나 같아도
너무 무섭고 억울할 것 같아.

도…동생아…!

그것은 이해와 공감이다.

조현병 환자는 비난만으로는 결코 좋아질 수 없다.

조현병 환자가 이상하고 두려운 상대가 아닌

**이해와 공감이 필요한 사람이라고 인식하는 게
조현병 치료의 첫걸음이다.**

어쩌면 많은 마음의 병은

누군가의 이해와 공감을 가장 필요로 하지 않을까?

조현병 환자에 대한 오해

조현병 환자라고 하면 대개 언제 어디서 어떻게 터질지 모르는 폭탄 같은 존재라는 사회적 인식이 짙게 깔려 있다. 미디어에서 조현병 환자가 일으키는 폭력적인 사건이 주기적으로 조명을 받기 때문이다.

앞에서 살펴봤듯이 조현병에는 망상과 폭력성 등 대중이 흔히 알고 있는 증상 외에도 다양한 음성 증상이 존재한다. 하지만 이들은 자신이 조현병 환자라는 사실 하나만으로 두려움의 대상이 될 수 있다는 인식 때문에 더욱 위축되고, 심지어 죄책감마저 느낀다고 한다.

그런데 조현병 환자들을 많이 접하는 의료진들은 오히려 미디어를 통해 길들여진 대중의 인식과는 다른 시각을 가지고 있다고 한다.

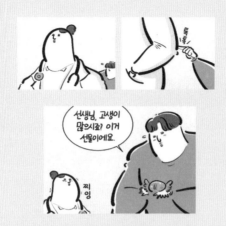

그런데 간혹 조현병 환자들 가운데 병원에서 치료 잘 받고 사회에 복귀해도 다시 병들어 병원으로 돌아오는 환자가 많다고 한다. 사람들의 편견 그리고 조현병 환자라는 이유만으로 낮아진 자존감 탓이다. 사회적인 인식 개선도 조현병 환자 치료에 중요한 요인이다.

*TMI: 오히려 폭력의 끝판왕은 응급실에서 많이 볼 수 있다고 한다.

4화

사이코패스,
그들은 누구인가

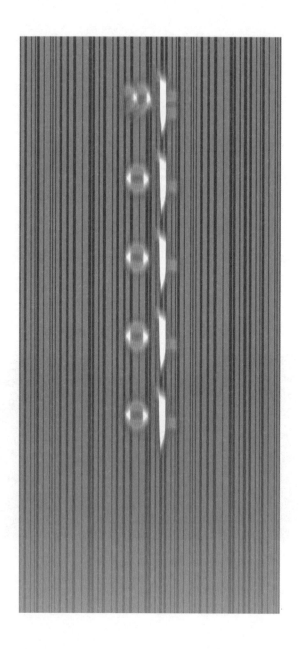

사이코패스

이 단어를 접하면 우리는 잔혹한 살인마를 떠올리지만

사실 사이코패스 중 대다수가
일반인과 같은 직업을 가지고 살아간다.

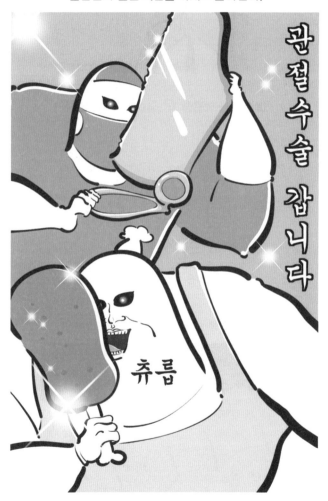

이들은 전체 인구의 1%를 차지한다.

상위… 1프로…

*아닙니다.

예컨대 한 학급에 30~40명이 있다고 하면

1, 2, 3반 다 모였나?

100명임. 아무튼 100명임.

3개 반 학생 중 한 명은 사이코패스라는 말.

쿠구구구

저기 뭔가 다른 게 있는 것 같은데.

그렇지만 이 학생들이
모두 살인마가 되는 것은 아니지 않은가!

물론 연쇄 살인범 중 대다수가
사이코패스 기질을 가지고 있긴 하지만

왜 사람을 죽입니까?

?

테드 번디

안 될 건 또 뭐유?

*137쪽 참고

국민! 국민 여러분! 여러분,
저는 국민의(저의) 이익을 위해
저의(너네들의) 모든 것을 걸고…!

뭔가 이상한 게
보이는데…

사회적으로
높은 지위에 속한
그룹에서도
사이코패스의
비율이 높다.

언뜻 왜 그리 지랄 맞은 상사들이 많은지 납득되는 부분인데

김말단 씨, 화장실을 50초 동안이나 쓰네. 누구는 똥 쌀 줄 몰라서 배설 안 하는 줄 아는갑네. 1분 치 월급 까.

저 새끼 수명 삭감시키고 싶다.

꺄아아악!!

사이코패스의 어린 시절은 과연 어떨까?

씨풍

엄마! 익호가 또 이상한 짓 했어!!

호다닥

여기 이 소년

어린 시절부터 남들과 사뭇 다른 행동을 보였는데

심히 폭력적인 행동을 보이는가 하면

어머나, 우리 익호 공부…

…가 아니라 시방 지금 무엇을 보고 있는 것이여!!!

오해 마시길. 이거 익준이가 보던 거야.

뭐? 니 돌잡이 동생 익준이?

거짓말을 아무렇지도 않게 하고 섬뜩한 복수를 일삼았다.

응. 형으로서 동생이 뭐 보는지 검열했을 뿐 절대 내가 보던 게 아니여.

옴맘마! 쪼그만 것이 어디서 약을 팔어! 그짓말했으니 외출 금지여!

나에게 외출 금지를 내려? 고추냉이 토스트나 실컷 먹어라.

치덕

치덕

고추냉이

132

이 아이는 커서 이런 어른이 되는데...

익호는 태생부터 이랬을까?

아니면 부모가 잘못 키운 탓일까?

보통 아이에게 문제가 발견되면 대부분 부모 책임이지만

익호의 경우는 아니다.

사이코패스의 뇌는
공포와 감정을 느끼는 편도체가 일반인보다 작다.
이건 선천적인 거라 명의가 와도 못 고친다.

그럼에도 대다수는(지랄 맞지만) 사회에 적응하며 살아가는데

어이구, 자네 아주 훌륭하구만.

와아, 정말요?

그렇고말고. 나는 이토록 훌륭한 쓰레기를 만들어내는 사람을 본 적이 없어.

*대신 주변 사람들이 적응 못 함.

살인마 사이코패스와는 무엇이 다른 걸까?

어린 시절 조부모를 총으로 살해하고

떡잎… 씨퐁…

성장한 뒤 어머니와 젊은 여성들을 죽인
사이코패스 연쇄 살인마 에드먼드 캠퍼

할아버지를 살해한 이유는
그가 사이코패스임을 증명하듯 매우 소름 끼치는데

할머니랑 말다툼하다
화나서 쐈다고? 그런데 할아버지는
왜 쏜 거니? 사이도 좋았다면서.

그야.

할머니가 죽으면
할아버지가 슬퍼할 테니
같이 보내드린 거죠.

사탄도 울고 가겠구나.

**그와 비슷하게 아무 죄책감 없이 사람을 해쳤던
사이코패스 살인마들**

테드 번디
전 여자친구와 닮은
여성들을 살해.
추정 피해자
30~40명.

에드 게인
여성들을 살해한 후
시체로 가죽옷을
만들어 입고 다님.

존 웨인 게이시
광대 살인마. 30명에
달하는 젊은 남성 살해.

이들의 배경에는

참혹한 가정환경이라는 공통점이 있었다.

광대 살인마 존 웨인 게이시는
어린 시절 알코올중독자 아버지에게
학대당했고

테드 번디를 키운 외할아버지도 가족을
상습적으로 폭행했으며

에드 게인의 어머니는 왜곡된 믿음으로
자녀들을 사회와 격리시켰는데

에드야, 엄마 빼고 여자는
다 악한 것들이란다.

그들은 죄악
그 자체란다.
그러니
외부 접촉을 피하고
이 어머니랑만
살자꾸나.

**결국 폭력적 가정환경이
사이코패스 살인마를 만드는 데 일조한 것.**

**그러나 이런 조합은 흔치 않으므로 사이코패스
대부분은 사회생활을 멀쩡히(?) 하고 있는데**

그렇다면 생떼 왕꼰대 부장이 사이코패스일까?

**아니면 백화점 진상이
사이코패스일까?**

고객님, 이 립스틱은
누가 봐도 사용감이 있어서
환불이 힘든데…

으아앙!! 내가 누군데 감히!!
환불 안 해주면
내가 너 잘리게 할 거야아앙!!!

사실 이들은 사이코패스가 아닌 소시오패스에 가깝다.

진 상

이름: 소시오

위 사람은 뛰어난 성격상의
특이점을 보여 이 상을 수여합니다.
2020년 5월 5일

헷갈릴 만도 한 것이 둘은 이름만큼 유사하기 때문인데

뭐래 시발,
너나 나나.

너 진짜
이상하네.

유사점 그 첫 번째

일반 사람들은 썽을 내더라도 규범을 준수하지만

사이코패스나 소시오패스의 경우
규범 따위 중요하게 생각하지 않는다.

두 번째, 다른 사람의 권리를 무시하고

세 번째...

심하게 폭력적인 행동을 보이며

마지막으로, 죄책감을 느끼지 못한다.

하지만

사이코패스와 소시오패스의 차이점도 있는데

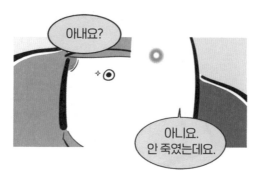

**사이코패스는 공감능력이 전혀 없어
감정의 동요가 없는 반면**

소시오패스는 감정 동요 그 자체다.

그렇기에 화를 분출하는 방식에도 큰 차이가 있다.

소시오패스는 화를 극단적으로 분출하는 반면

사이코패스는 은밀하지만 잔혹한 방식으로 화를 분출한다.

이처럼 사이코패스가 소시오패스보다
더 섬뜩한 면모를 보이는 원인은

바로 이들의 뇌에서 찾을 수 있는데

사이코패스에게는 애초에 공감능력 세포가 없지만

소시오패스는 공감능력이 미약하게나마 존재한다.

*선천적인 사이코패스와는 달리 소시오패스는
어린 시절의 불우한 경험으로 생긴다.

공감능력이 없다는 점은

사회생활에 핸디캡이 될 수 있지만

**오히려 사사로운 감정에 휩싸이지 않기 때문에
이상적인 모습을 곧잘 연기하는데**

영화 〈공공의 적〉에 나오는 조규환이
전형적인 사이코패스다.

자신의 심기를 거스른 택시기사를 잔인하게 살해하고

금전적 목적을 위해
부모까지 살해한 사이코패스지만

겉으로는 매우 가정적인 아버지에 성공한 재력가다.

**사이코패스가 위험한 이유는 이처럼
매력적인 모습으로 호감을 사고**

**소시오패스처럼 감정을 폭발시키지 않아
평상시 알아채기 어렵다는 데 있는데**

**사이코패스 범죄가 터지면
의외라는 반응이 많은 이유가 여기에 있다.**

*주위 평판이 좋고 동물을 사랑하는 듯 보였던
사이코패스 연쇄 살인마 강호순은
함께 사진을 찍은 동물들을 살해 연습 도구로 삼았다.

**자신의 이익을 위해 상대방을 조종하고
파멸로 이끄는 '가스라이팅' 가해자 가운데서도
사이코패스가 많이 발견된다.**

내가 널 얼마나
사랑하는지 알지? 그런데
나를 못 믿고 폰을 보여달란 소리를
하니? 이렇게 숨 막히게 하는 여자
만나주는 남자도 나뿐인데
있을 때 잘해야지?

그런가아? 내가
너무 집착하나?

특히 연인 관계에서 피해자가 헛된 믿음을 품게 만든다.

하지만 이는 가해자가 철저히 설계한 덫이므로 절대로 자신에게서 원인을 찾아서는 안 되며

노력으로 좋아질 수 있는 특성이 아니기 때문에 최대한 빨리 관계를 끊어내는 편이 바람직하다.

사이코패스

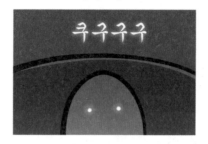

이들은 스릴러 영화에 나오는 것처럼 극단적 모습을 한
현실과 동떨어진 존재가 아니다.

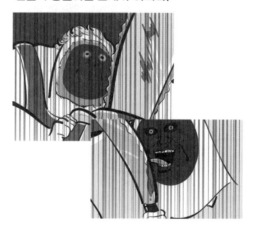

이들은 상사의 모습으로

성공한 CEO의 모습으로

때로는 달콤한 연인의 모습으로

평범한 일상 속

우리 곁

어디엔가 존재한다!

가스라이팅의 단계

사이코패스와 소시오패스는 자신의 목적 달성을 위해 다른 사람들의 감정을 도구처럼 다룬다. 다음 내용을 잘 읽어보고 주변에 이런 사람이 있다면 빠른 손절을 치고 속히 벗어나도록 하자.

첫 번째 단계: 동경화

이들은 참으로 매력적이다. 상대가 좋아할 만한 요소를 파악한 뒤 가면을 쓰고 간이고 쓸개고 다 빼주며 환심을 산다.

두 번째 단계: 고립

이들은 사기꾼이다. 주변에서 자신의 싸한 모습을 감지하고 피해자에게 알려주면 안 되므로 피해자의 지인들을 전부 나쁜 놈으로 만들어 인연을 끊게 만든다. 보이스 피싱을 할 때 범인들이 주변 사람들이 없는 곳으로 가서 통화하라고 요구하는 것과 똑같은 맥락이다.

세 번째 단계: 격하

자존감이 높은 사람들은 조종하기 어렵다. 소시오패스와 사이코패스는 피해자를 자기 마음대로 움직이고도 피해자가 얌전히 있길 바라므로 지속적으로 자존감을 뭉개놓는다. 합리적 의심을 해도 "네가 의심병이 많은 거다" "네가 이상한 거다. 다른 사람은 너 같은 거 안 만나준다" "나니까 너 만난다" 등의 개소리를 늘어놓는다. 자기 행동은 다 옳고 그런 나를 의심하는 네가 이상한 거라고 계속해서 세뇌한다.

마지막 단계: 학대신(scene)

이 단계에서 피해자의 자존감은 바닥을 친다. 그래서 매력적인 가해자가 떠나면 세상천지에 자기 혼자만 남는다는 잘못된 믿음을 가지게 된다. 이 단계에서는 가해자가 주도권을 쥐고 있으므로 피해자를 마음껏 조종해먹는다.

5화

천재들의
정신질환

유명한 소설가 버지니아 울프

버지니아
버지니아

울프
울프

제임스 조이스와 함께 당대 최고의 소설가였던 그녀는

제임스 조이스
대표작: 《율리시스》

버지니아 울프
대표작: 《자기만의 방》

평생을 조울증과 망상, 환청에 시달렸는데...

뻐근해…

사랑하는 나의 딸아,
아버지의 유산이란다.

**작가였던 아버지의 기질을
물려받기도 했겠으나**

별로 안 받고
싶은뎅.

정작 그녀가 고통받게 된 데는

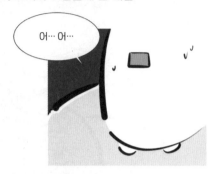

끔찍한 어린 시절의 경험이 크게 작용했다.

버지니아 울프는 고작 13세에 어머니를 잃었고

171

저승에서 말이야.

2년 뒤에는
이복언니마저 잃었다.

흐아아, 안 돼!!!

어린 나이에 소중한 사람을 연타로 잃은 그녀는
심각한 정신장애를 앓았는데

어떻게든 버텨보려 했지만

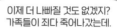

이제 더 나빠질 것도 없겠지?
가족들이 죄다 죽어나갔는데.

오, 버지니아야.
아직 한 명 남았지 않니?

?

느이 아부지 말이다.

아버지마저
세상을 떠나고 만다.

인내력 한계치에 다다른 버지니아 울프는

스스로 인생을 마감...

...하려 했으나 실패한다.

그녀는 늘그막에나 겪을 법한 일뿐 아니라

절대 있어서는 안 될 일을 겪기도 했는데...

우리 이이뿐

음… 남자라는 점?

**버지니아 울프가
남자에 대해 큰 트라우마를
가지고 있었던 건**

호에엥!
너무행!

어린 시절부터 이복형제들에게 성추행을 당했기 때문인데

실은… 이복형제들이라는
호로새끼들이 내가 6살 때부터
성추행하고… 더 나쁜 짓도…

메야! 이런 고추를
똑! 떼어다 대가리에 붙여
시내에 전시해도
시원찮을 것들!

내가 버지니아 평생! 돌봐주며
트라우마 치료해줄게!
어떤 것부터 해주면 될까?

오! 그렇다면…

남자친구 레너드 울프와 결혼 전
이런 약속까지 받아냈을 정도였다.

여기에 사인부터 하자.

서약서
1. 평생 성생활X
2. 평생 성생활X
3. 평생 성생활X
사인___

그놈들을 죽일 수만 있다면
모조리 죽였을 텐데.

*사인함

이토록 힘든 삶을 산 그녀이지만

무겁고 우울하구먼.

그토록 꼰꼰했던 빅토리아 시대에

George Savage 버지니아 정신과 담당의

저 여자가 정신병 걸린 이유는 여자 주제에
과도한 교육을 받아서. ㅋ

남성 위주 사회 분위기에 저항하는 페미니즘 선구자였으며

네. 다음 이름 값.

George
조지

Savage
야만적인

남편 레너드 울프의 전폭적인 지지와 이해에 힘입어

《자기만의 방》《등대로》《댈러웨이 부인》 등
세계 문학사에 길이 남을 명작을 탄생시켰다.

그럼에도 불구하고 병은 계속해서 악화되었고...

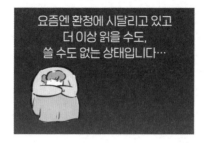

요즘엔 환청에 시달리고 있고
더 이상 읽을 수도,
쓸 수도 없는 상태입니다…

남편 레너드에 대한 고마움과 미안함이 많았던 그녀는

버지니아야
♡

결국 우즈강에 투신해 생을 마감한다.

레너드는 제가 없어져야 비로소
자기 삶을 살 수 있을 거예요.

-버지니아 울프의 유서 중-

버지니아 울프의 유서

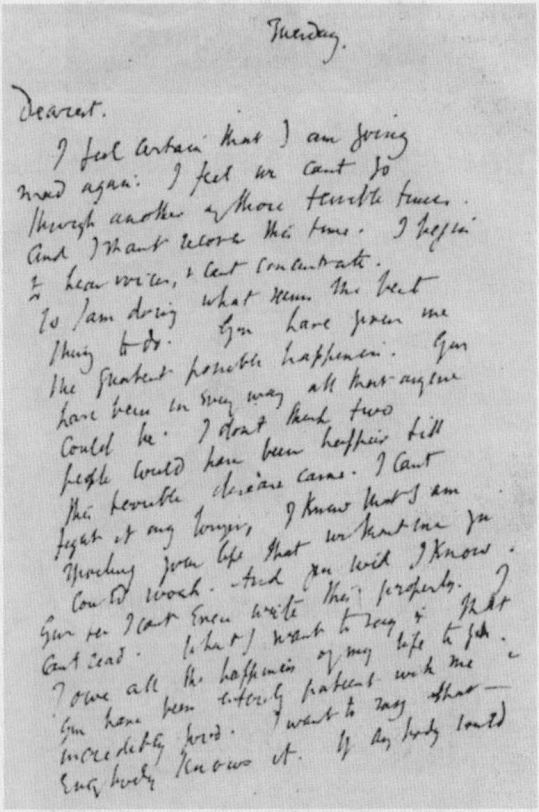

Tuesday.

Dearest.

I feel certain that I am going mad again. I feel we can't go through another of those terrible times. And I shant recover this time. I begin to hear voices, & can't concentrate. So I am doing what seems the best thing to do. You have given me the greatest possible happiness. You have been in every way all that anyone could be. I don't think two people could have been happier till this terrible disease came. I can't fight it any longer, I know that I am spoiling your life, that without me you could work. And you will. I know. You see I can't even write this properly. I can't read. What I want to say is that I owe all the happiness of my life to you. You have been entirely patient with me & incredibly good. I want to say that — everybody knows it. If anybody could

사랑하는 당신에게

내가 다시 미쳐가고 있음을 느껴요.

다시 이 끔찍한 시간을 보낼 힘이 나에게는 없어요. 이번에는 회복될 수 없을 것 같아요. 다시금 목소리가 들리고 집중할 수조차 없어요. 그래서 할 수 있는 최선을 하려고 해요. 당신은 나에게 최고의 행복을 주었어요. 당신은 할 수 있는 모든 일을 했지요. 이 끔찍한 병이 오기 전까지 우리 두 사람은 가장 행복한 사람들이었는데 더 이상 싸울 힘이 없네요. 내가 당신의 삶을 망가뜨리고 있음을 알아요. 내가 없어야 비로소 당신이 자기 삶을 살 수 있을 거예요. 이것 봐요. 나는 이제 이 글조차 제대로 쓸 수가 없네요. 읽을 수조차 없어요. 내 인생 모든 행복은 당신이 주었어요. 당신은 놀라울 정도의 인내심을 보여주었고 경이로울 정도로 상냥했지요. 모두가 아는 사실을 말하고 싶어요. 만일 누군가 나를 구해줄 사람이 있다면 그건 바로 당신뿐이었을 거라는 걸. 당신의 따스한 마음 외에는 나에게 남은 것이 없네요. 나는 더 이상 당신의 삶을 망치고 싶지 않아요. 우리 두 사람보다 행복했던 사람들은 없을 거예요.

수려한 외모!

뛰어난 능력!

부까지 갖춰 완벽해 보이는 남자

그러나 공평하게도 치명타 삼박자까지 골고루 갖추었던 남자

조울증

기분 좋냐? 좋아?
난 그럴 자격이 없어,
흐아앙.

알코올중독

-아빠, 알코올중독자는 어떤 사람이야?

-저기 나무 두 그루 보이지?
저게 네 그루로 보이는 사람들 보고
알코올중독자라고 하는 거야.

-아빠 저기 나무 한 그루밖에 없는데…

엽총 자살

탕!

《누구를 위하여 종은 울리나》 《무기여 잘 있거라》
《노인과 바다》 등 수 많은 명작을 써내며 노벨문학상까지
받았던 남자의 이름은 그 유명한 어니스트 헤밍웨이

썼다 하면 모다?

베스트셀러다!

즉석에서 지어낸 6단어 눈물 폭발 소설로도 유명한데

"For sale:
Baby Shoes. Never Worn."
한 번도 안 신은 아기 신발 팝니다.

이런 헤밍웨이 또한 정신장애로부터 자유로울 수 없었다.

헤밍웨이의 아버지는 진성 마초맨으로

꺄아! 몰라 몰라.
우리 아빠지만
느므 멋지쟈나!

**그런 아버지를 동경한 헤밍웨이도
'남성다움'에 엄청나게 집착하게 된다.**

힘세고 강한
헤밍웨이!

언제나 강함과 자부심의 상징이었던 아버지

그랬던 그가…

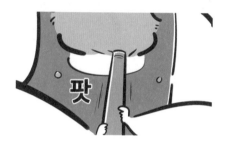

나는 먼저 갈 테니…

**1928년 자살하면서 헤밍웨이의 나르시시즘에
큰 스크래치가 나게 된다.**

비록 아버지를 잃어 상처를 입었지만
그에게는 자애롭고 따스한 어머니가 계셔서 괜찮...

...았으면 좋았겠지만 그녀도 상당히 특이했으니

어린 헤밍웨이에게 여장을 시키곤 했으며

너무 바쁜 데다 신경쇠약까지 있어 아이들을 잘 돌보지 못했다.

쉬고 싶다
더 격렬하게
아무것도
안 하고 싶다

어머니에게 단단히 삐쳐 있던 헤밍웨이는
성장 후 엄한 데 복수한다.

헤밍웨이는 결혼을 무려 네 번이나 했고

**결혼 생활 중에도
바람을 엄청 피워댔는데**

**여성의 신뢰를 얻으면 배신 때리는 이 행동은
어머니에 대한 복수 심리로 해석된다.**

거기에다

오··· 오···

에너지가 넘칠 때는 세상 온갖 일을 다 하고

다운될 때는 한없이 구멍을 파는 조울증에 시달렸으며

외모에 꽤나 자신감이 있던 그가

두 번의 비행기 사고로 미모까지 잃고
집필할 에너지조차 바닥이 나자

결국 아버지와 같은 방법을 써서 세상을 떠난다.

불운은 헤밍웨이 자신에게만 그치지 않았다. 여동생과 남동생도
자살로 세상을 떠났고 두 아들은 정신병원에 입원했으며

배우였던 손녀딸
마고 헤밍웨이도
스스로 세상을 등졌다.

1954~1996

이 때문에 일부에서는 헤밍웨이가에
정신질환 유전자가 전해지는 게 아닌가 의심하기도 한다.

저쪽 집안 만들 때
뭔가 첨가했었나?

고양이 집사 헤밍웨이

> "고양이는 우리에게 한 가지 사실을 가르쳐주려고 세상에 있
> 는 것 같다. 완벽하게 몰입하면 한순간도 영원처럼 살 수 있다
> 는 것 말이다."
>
> ‒ 어니스트 헤밍웨이

헤밍웨이는 애묘인이었다.

헤밍웨이는 어느 날 한 선장에게 고양이를 선물로 받고 곧바로 사랑에 빠져버린다. '스노볼'이라는 이름이 붙은 이 고양이에게는 한 가지 특이한 점이 있었는데, 바로 앞발가락이 5개가 아니라 6개인 다지증 고양이라는 것 (뱃사람들에겐 행운의 상징이었다). 스노볼은 오래전 세상을 떠났지만 그 명맥은 아직 이어지고 있으니… 미국 플로리다주 키웨스트섬에 있는 헤밍웨이의 생가에 모여 사는 고양이 50여 마리가 바로 스노볼의 후손들이며, 이 중 대부분의 고양이가 스노볼과 마찬가지로 다지증을 가지고 있다한다.

3. 에드바르 뭉크

슬플 때나

기쁠 때나

귀찮을 때나

우리의 마음을 대변해주는 이모티콘

그러나 이미 수십 년 전 인간의 절망을
가장 잘 표현한 그림이 등장했으니

완벽해.

바로 에드바르 뭉크의...

나는 지금 매우 피곤하다.

왜냐하면 나는 매우 피곤하기 때문이다.

〈절규〉다!

**현대인의 마음을 대변하는 이 작품은 너무도 훌륭하여
이 이상의 표현을 찾아보기가 어려울 지경!**

작품명

〈월요일 아침〉

이런 그림을 그렸던 그의 정신도 대단히 피폐했을 것 같은데

퍼석
퍼석

오!

뭉크야, 엄청나게 피폐하고
정신붕괴 직전 상태로
보이는구나.

죽은

의외로 그 정도는 아니었다.

하지만 심리적 고통을 겪은 것은 사실인데

그 또한 녹록지 않은 어린 시절을 보냈다.

고작 다섯 살 때 어머니를 잃었고

가장 친했던 누이 소피는

열네 살에 결핵으로 사망한다.

다음 타깃은 자신이 될까 두려워한 뭉크는

그렇게 80세까지 장수한다.

어린 나이에
소중한 여인들을
떠나보냈던 그는

이 때문에 성장 후 여성과 그닥 좋은 관계를 맺지 못했는데

가장 예민한 시기에 어머니와 누이가 자신을 떠난 탓에
여성에 대한 부정적 인식이 생긴 것이다.

물론 다른 가족들이 있었지만

아버지를 필두로 정신건강이 좋지 않았고

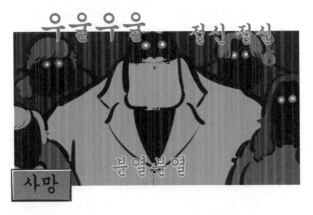

가뜩이나 몸이 약해 집에서 아버지에게 배운 뭉크는

스트레스만 더 받는다.

그것도 모자라 귀신 이야기, 공포 이야기를 들려주어

심약한 뭉크로 하여금 죽음의 공포에 시달리게 했는데

**그래서인지 뭉크는
두려움 종합세트를 안고 살았다.**

죽음 공포증

이 친구 왜 이러는가?

여자를 봤대.

여인 공포증

…

…

낯선 사람 공포증

?

그러나 무엇보다도

텅 빈 공간에 대한 공포가 컸다.

뭉크는 불안이나 환각 증세를 떨쳐내기 위해 과음이나

괄괄괄

친구야.
건강 생각해서
조금 줄여야 하지
않겠니.

싸움질을 일삼았는데

아이고!
내가 무엇을 잘못했는가!

엇!

이토록 불안정한 자신을 견디다 못해

1908년 정신병원에 셀프 입원한다.

많은 예술가들이 끝내 정신장애를
이겨내지 못했던 것과 달리
뭉크는 의사 선생님 말씀 잘 듣고 안정을 되찾았으며

이후 그의 작품은 염세적인 면모를 벗어던지고

에드바르 뭉크
〈별이 빛나는 밤〉

환영받지 못한 과거와 달리

**말년에 나치에 의해
그림이 몰수되는 아픔을 겪기는 하지만**

죽을 때까지 얌전히 지내다

80세를 일기로 세상을 떠난다.

뭉크는 정신적으로
어려운 삶을 살았지만

적극적인 병원 치료와 자신의 노력으로 이를 극복하고
오랫동안 작품활동을 이어간 예외적 인물이라 할 수 있다.

별말씀을.

가여운 뭉크

나치들은 뭉크의 작업을 영 삐딱한 시각으로 바라봤다. 뭉크는 당시 유럽에서 큰 명성을 떨치고 있었고 프로파간다의 달인이던 괴벨스가 그를 포섭하려 노력했다. 하지만 뭉크는 그의 제안을 단박에 거절하고, 이에 앙심을 품은 나치는 뭉크의 작품을 '퇴폐적 작품'이라 격하하며 제2차 세계대전 직전 독일 박물관에서 그의 작품을 전부 철수시켜버린다.

1940년 독일군이 노르웨이에 침공하자 뭉크는 자신의 작품이 빼앗길까 봐 두려움에 휩싸이게 된다. 다행히 뭉크가 생각한 불상사가 일어나지는 않았지만 이상한 사실은 1944년 뭉크가 폐렴으로 사망한 뒤 나치가 그의 장례식을 직접 치러주었다는 것. 물론 선한 의도는 아니었다. 뭉크가 나치 동조자였다는 이미지를 만들기 위해 장례식을 치러준 것이다. 이렇게 죽어서까지 나치에게 시달렸던 뭉크는 숨이 다하는 마지막 순간까지 도스토옙스키의 《악령》을 손에 쥐고 있었다고 한다.

4. 빈센트 반 고흐

간질

양극성 장애(조울증)

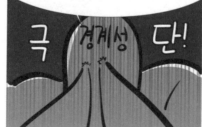

경계선 성격장애

그 외 포르피린증*, 메니에르병* 등

*포르피린증: 혈액 색소 성분인 포르피린이 혈액과 조직에 침적하는 선천성 대사이상증.
*메니에르병: 청력 소실, 이명, 이충만감과 심한 어지러움을 동반하는 질환.

수많은 정신질환을
앓았음에도 전설이 된
남자가 있었으니

빛나는 그 이름 빈센트 반 고흐다.

누구나 다 아는 대가이고

작품명: 〈별이 빛나는 밤〉

유명유명

작품명: 〈해바라기〉

유명유명

그림 한 장이 1천억 원에 낙찰됐을 정도니
엄청난 부자였을 것 같지만

살아생전 단 한 장의 그림만 팔렸는데

우리 고흐 고생하는구나.
삼촌이 하나 팔아주러 왔단다.
가족한테 비싸게 받을 생각은
물론 없겠지?

그마저도 가족 찬스였다.

네, 뭐, 헐값에 드리죠,
예… 뭐…

이토록 기구한 삶을 살았던 고흐는
생전에 전혀 인정받지 못했지만

꼬질
꼬질

별 대단한 예술가도
아니네.

석연치 않은 죽음을 맞이하고 전설이 된다.

으아아!
따라오지 마여!

수많은 정신병을
달고 다니다
비극적 죽음을
맞은 고흐

**정신질환을 앓은 많은 대가가 그러했듯
가정환경이 그닥 아름답지 않았지만**

목사의 아들로서
경건하게 살지 않으면 십자가의
심판을 받을 것이란다.

옴맘마,
심판이라니 무서워브러.

고흐
10세

**의외로 가정환경보다는
'큰 좌절'이라 불리는
이벤트에 영향을 받았다.**

배고프당.
밥이나 먹으러 가야지.

훽

으릉!

**바야흐로 1873년,
혈기왕성한 20대에**

**하숙집 딸 유지니 로이어와
연애하던 그는**

내 사랑 유지니야!
어서 손가락을 펴줘.
청혼 반지 끼워주게.

대차게 까인다.

유지니야!
결혼반지는 중지가 아니라
약지에 끼우는 거양!

알아,
그냥 꺼지라구.

?????

그녀가 저세상급 양다리를 걸치고 있었기 때문…

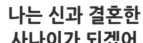

나는 신과 결혼한
사나이가 되겠어

**목사 시험에 응시했지만
광탈하고**

맨날 까이는
고흐의 인생.

그 뒤 탄광 지역의 전도사가 되지만

전도사 님, 오늘 저녁 맥주 한잔, 콜?

전도사여 부처여?

곧 해고당한다.

해고

연애와 취업 실패 연타를 맞았으니 미칠 노릇이었을 터

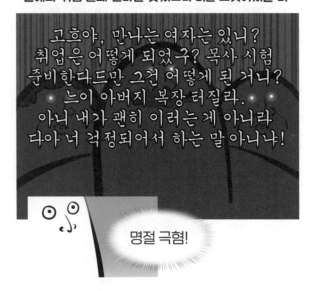

고흐야, 만나는 여자는 있니?
취업은 어떻게 되었구? 목사 시험
준비한다드만 그건 어떻게 된 거니?
느이 아버지 복장 터질라.
아니 내가 괜히 이러는 게 아니라
다아 너 걱정되어서 하는 말 아니냐!

명절 극혐!

다행히도 형의 재능을 알아본 테오의 권유로
그림을 그리기 시작하고

상태가 좋아지는가 싶더니

**크나큰 벙크를
터트리고 마는데...**

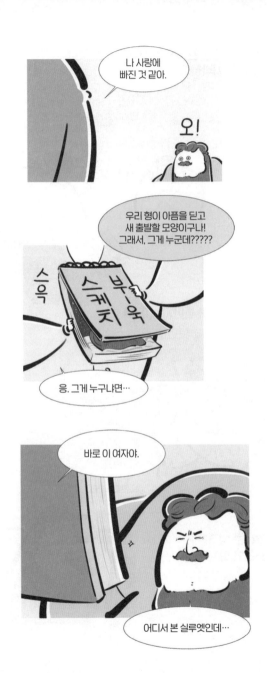

그녀는 아이가 있는 과부이기까지 했는데

다행히(?) 퇴짜 맞지만

포기를 모르는 사나이

그녀의 부모가 출동하고 나서야 정리된다.

뜻대로 안 되어 반항을 해보지만

스스로의 운명을 개척하기로 마음먹는다.

흥. 나도 여자친구 사귈 수 있다 이거야.

누구?

고흐입니다.
사랑합니다.
동거합시다.

ㅇㅋ

아이 있는 창녀 시엔 후닉과 동거에 들어가는데

와. 저건 내가 봐도 좀.

이러한 행태는
형 바라기 테오조차
질리게 만든다.

그럼에도 이 기간에 고흐는 마음의 안정을 적잖게 되찾았으니

그녀와 아이들을 진심으로 사랑했고

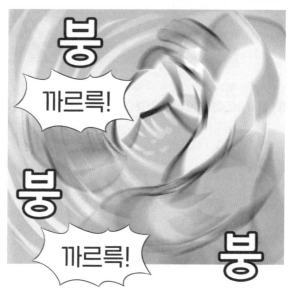

그에 더해

돈이 없던 당시 여친을 모델 삼아 양껏 그림 그릴 수 있었기 때문이다.

으앙, 아저띠!

그러나 결국
이 관계도 끝나는데...

그의 정신세계에 결정적 타격을
날린 것은 바람둥이 유지니도

취업 실패 연타도

목사 시험	전도사
탈락	**해고**

시엔과의 관계도 아니었으니

우리에게도 친숙한 이 남자

폴 고갱과의 관계였다.

고흐는 평소 고갱을 존경했고

함께 살게 된 후에는
그와 더불어 화가 공동체를 이룰 꿈에 부풀었으나

밤새워 작성한
꿈의 계획.

고갱과 **고흐**의
행복한 공동체
생활♡
-by 반 고흐-

고갱도 엄청 좋아할 거야.

문제는

저, 고흐야.

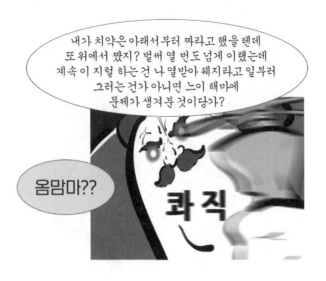

같이 살기에는 너무나 달랐던 둘의 성격이었다.

-다음 날 아침-

결국 둘은 성격 차이를 극복하지 못하고 5년 만에 결별한다.

이별의 충격 때문일까?
고흐는 레이첼이라는 여성에게 자신의 귀를 잘라 선물하고
정신병원으로 직행한다.

즈그 귀 잘라서 저 주던데
입원 가능?

가능!

크릉!

거기에 더해 또 다른 비극이 찾아왔으니

오늘은 테오가 면회 오는 날.

형!

두근
두근

그것은 바로 최애 동생 테오의 결혼 소식이었다.

고흐는 자신의 슬픔을 술과 담배로 달랬는데

즐겨 마셨던 싸구려 술 압생트에 있던
독성 물질 테르펜과 캔버스를 물어뜯는 버릇 탓에 섭취한
물감 독성도 정신장애 요인이라 추측된다.

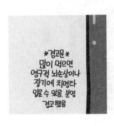

그렇게 살아가던 어느 날...

고흐는

하숙 청년!
이게 무슨 일인가!!

37세에 석연찮은 죽음을 맞는다.

역대급 천재로 태어났으나
실패로 점철된 삶을 살다 쓸쓸히 세상을 떠난 고흐

허엉!!

*테오도 1년 후 사망한다.

그런 그가 지금은 역사상
가장 위대한 화가로 추앙받고 있으니

그의 영혼은 안식을 얻었을까?

고흐의 잘린 귀에 관한 진실

고흐가 귀를 자른 정확한 이유는 아무도 모른다. 그가 귀를 자른 것은 사실이지만 언제 어떻게 왜 그랬는지는 명확히 밝혀지지 않았다. 그러나 가장 유명한 추측은 이렇다.

어느 날 언제나처럼 싸움을 하고 있던 반 고흐와 폴 고갱. 고흐는 고갱을 면도날로 위협하기에 이르는데…. 너무나 열이 받은 고흐는 고갱을 베지 않고 자기 귀를 잘라버린다. 그 후 자신의 귀를 옷에 고이 넣은 후 창녀에게 선물(?)로 준다.

물론 다른 주장도 있다. 사실 고갱은 꽤 능숙한 펜싱 선수였는데 고흐와 싸우다가 그 훌륭한 검술 실력으로 고흐의 귀를 잘라버렸고, 경찰 조사를 피하고자 이런 스토리를 지어냈다는 것.

22세에 최고 명문대 박사학위를 따고

대학교 3~4학년 나이에 MIT 교수가 된 천재였지만

자신이 〈라이프〉지에 실린 교황이라고 믿었던 망상남

제자들아, 이것 봐랑.
내 얼굴 〈라이프〉지에 나왔당?

뭐지? 누가 봐도
다른 사람인데.
천재의 조크인가?

**실화를 바탕으로 만든 영화 〈뷰티풀 마인드〉에서
러셀 크로가 연기하여 대중에 널리 알려진 그 이름**

숫자놀이 짱 잼

존 포브스 내시 주니어다.

실물보다
러셀 크로가 익숙한
바로 그 인물

그는 매우 특이한 증상을 가지고 있었는데...

교수님! 아까 수업 중에 이해 안 되는 게 있어서요. 혹시 질문 좀…

오싹

호애앵! 내시 잡아간다!! 내시 두렵다아!!

퇴근 후에는 질문도 안 받으시는 건가? 워라밸 최고!

…그게 아니야.

빨간 넥타이를 한 사람은 자신을 잡으러 온 첩보원이라 믿는가 하면

외계인이 메시지를 보낸다는 등의 망상에 사로잡혀 있었는데

내 남편은 외계인한테
메시지를 그렇게 받는다대.
<뉴욕타임스> 기사 속에
암호가 있다나 뭐라나.

호호

음? 너무 힘들어서
부처가 되었나?

**그나마 여기까지는
피해자가 적은
국소 벙크였다면...**

지그시
...

꺄아악!!!

왜!! 뭐야!
뭔데!!!

초대형 사고를 치기도 했다.

수학계 최대 난제 리만 가설을 증명해냈다고 선포한 것인데

문제를 풀기는커녕 정신병만 온 천하에 드러내게 된다.

나쁜 말
나쁜 말
나쁜 말
심한 말
심한 말
심한 말
못된 말
못된 말

결국 정신병원에 입원한 내시는

존 내시 씨죠? 저는 내시 씨 담당의입니다 잘 부탁드려요.

크릉!

적대적

과대망상과 피해의식

의사 아니다. 빨간 넥타이. 공산당원. 내시… 잡혀간다.

오. 저런, 저런.

의심병과 경계하는 행동

그 외 다양한 증상으로 조현병 진단을 받게 되는데

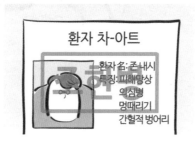

천재의 정신장애는 많은 관심을 불러일으키는 법

**프로이트 이론이 유행하던 시대였던 만큼
엄청난 추정 원인들이 거론되는데**

**이런 극단적 주장 외에 정신병이 발병한
나이에 집중하는 사람도 있었다.**

서른이라는 나이는 청년과 성년의 분기점이며

특히 어린 나이에 많은 업적을 달성하는 수학자들에게 있어 극심한 공포의 대상이다.

더 이상 성과를 낼 수 없을 것이란 불안이 크기 때문!

**특히나 보통 사람은 평생 걸려도 이루기 힘든 업적을
이른 나이에 해치운 내시는**

1. 명문대 박사학위
2. 명문대 교수직
3. 노벨경제학상 수상의
   초석이 되는 게임이론 개척

앞으로 더 훌륭한 업적을 쌓아야 한다는 강박에 시달리는데

나란 남자 정말 바보 바보!
왜 그토록 일찍부터 잘났던 거야!

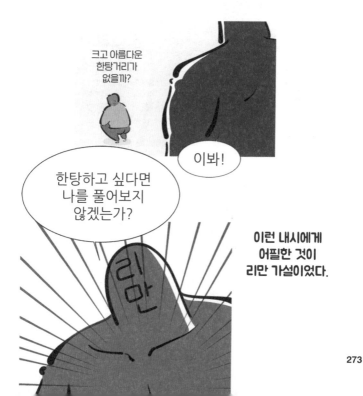

크고 아름다운
한탕거리가
없을까?

이봐!

한탕하고 싶다면
나를 풀어보지
않겠는가?

**이런 내시에게
어필한 것이
리만 가설이었다.**

문제는 어떤 수학자도 깨지 못한 최상급 보스몹이었다는 것!

수학자의 墓(무덤묘)

얼마 후

저… 다 풀었어요.

호오!

깔끔하게 실패하고

덜
컹
!

네, 다음
진부한 답안.

삑

까아악!!!

정신병원에 강제 입원당하지만 증상은 점점 심해지는데...

환자 차-아트
이름: 존 내시
나이: 30대

왕이넘어지면킹콩새우가드라
마룰찍으면대하드라마히히히

**그러던 1980년대 중반
자택에 있던 그는 결국**

여보…
여보…

여보… 일어나요…

276

호전된다!

처음 10년을 제외하면 치료도 받지 않았던 그가 호전된 배경에는

아내 알리시아와 모교 프린스턴대학이 있었다.

한 번의 이혼을 겪었던 내시 부부

불쌍한 내시의 모습을 보고 충격 받은 알리시아는

1970년부터 다시 함께 살며 내시를 돌보며

그토록 가기 싫어하는 병원 대신 전성기를 보낸
프린스턴대학 근처에 집을 구해 내시를 책임졌다.

프린스턴대학은 내시가 자유로이 캠퍼스를 활보하도록 해주었는데

저기… 혹시 선생님이
말 걸면 이상한 소리 한다는
도서실의 광인인가요?

ㅋ

**내시는
학생들 사이에서
도서실의 유령 혹은
광인으로 불렸다.**

내 이름 존 포브스 내시.
느이들 나이에 박사학위 따고
MIT대학 교수가 된 사람이란다.
얻다 대고 미쳤대~

음?
멀쩡히 말을 한다?

**그러던 중 어느 날부터
온전한 대화가 가능해지고**

**어려운 수학 문제도 곧잘 풀어내는 등
1990년대에 들어서 거의 회복되어**

1994년에는 게임이론으로 노벨경제학상을 받는다.

2015년에는 수학계의 노벨상인 아벨상도 받는데

내 아내 알리시아야.
이게 다 당신 덕이야.

노벨상이랑 아벨상
다 받은 사람 내 주변에
나밖에 없다??

이제는 행복할 일만 남았던 부부였지만

아벨상을 받고 집으로 향하던 중 교통사고로 사망한다.

결혼으로 연을 맺어

폭풍 같은 삶을 살다 한날한시에 세상을 떠난 둘…

내시가 가장 힘든 시간을 보낼 때
초인적인 인내와 사랑으로 버팀목이 되어주었던 아내

그리고 오랜 기간 편안한 환경을 제공해주었던 프린스턴대학

이 둘이야말로

정신장애 치료에 있어 가장 중요한 것은

**끊임없는 사랑과 인내라는 사실을
보여주는 증거 아닐까?**

존 내시에 관한 그 밖의 이야기

나의
이모저모

1. 존 내시는 망상장애를 앓았는데 강연을 할 때면 강의실 복도에서 양복을 입고 서 있는 사나이를 보았다고 한다. 내시는 이 남자가 자신을 잡으러 온 소련의 스파이라 굳게 믿었다.

2. 내시는 꽤 사실적인 형태로 등장하는 사람들을 보았다. 사실 대부분의 조현병 환자는 주로 목소리를 듣는다고 한다. 환각을 보는 환자들도 사람의 형태가 아니라 어딘가 기묘하고 만화 같은 환각을 본다고 한다.

3. 내시는 자신이 미국을 구할 비밀 정보요원이라 믿었고 러시아 정부가 자신을 뒤쫓고 있다고 믿었다.

4. 〈뷰티풀 마인드〉라는 영화가 대중에게 널리 알려진 뒤 우려를 나타내는 정신과 의사들도 있었다. 내시는 병원 치료를 중단하고 아내 알리시아의 극진한 보살핌 속에 호전됐는데 이런 경우는 극히 드물다는 것. 의사들은 조현병 환자의 경우 반드시 약물 치료를 병행해야 한다고 말한다.

5. 수학왕인 내시지만 그의 첫사랑은 화학이었다. 평소 화학적 지식을 이용해 드립을 치기도 했다.

6. 내시는 아인슈타인과 친분이 있었다.

7. 알리시아도 수학에 일가견이 있었다. 내시는 그녀의 빛나는 수학 지식과 여러 언어를 구사하는 능력에 반했다고 한다(그녀는 프랑스어, 영어 그리고 모국어인 스페인어까지 총 3개 국어를 구사했다).

8. 내시는 자신이 조현병을 극복할 수 있었던 이유로 알리시아의 보살핌과 자신의 논리적 사고를 꼽았다. 즉 논리적 사고로 망상을 깨부수고 결국 호전될 수 있었다고 이야기한 것.

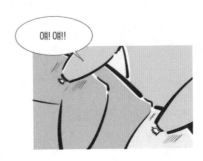

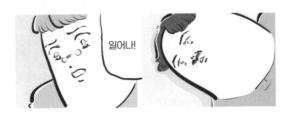

우리는 종종 정신적 사망 상태를 겪는다.

꼬르륵
우르릉
꽈왕

그러나 다시금 살아 있음을 느끼는데

밥 먹으러 가자.

3시간 전에
그렇게 먹고
또 배고픈 걸 보니
살아 있는 거 맞네.

1882년, 프랑스 정신과 의사 코타르는

자신이 죽어 있다고 굳게 믿는 환자를 만나게 된다.

일명 시체 증후군이라 불리는
이 정신과적 질환에 걸린 사람들은
신체적으로 아무 이상이 없는데도
자신이 죽어 있다 믿으며

나는 이미
죽어 있다.

아닌뎅. 살아 계신데.
그것도 건강히.

생존에 필요한 행위를 하지 않는다고 한다.

빼싹!

웜마, 아니네.
진짜 돌아가시기 직전이네.

주변 사람들이 사실 모두 한 사람이 변장한 것이라 믿는 프레골리 망상

사람들이 사실
전부 마누라였던 건가??

**1927년 27세였던 한 여성의 경우를
실제 사례로 들 수 있는데**

나도 왔당.
둘이 먼저 도착했네.

두근두근두근두근
세근세근세근세근!

그녀는 덕질하던 배우들이 지인들로 위장했다는 망상을 했다.

기다리게 해서 미안해,
달콤이.

핸섬!

멋짐!

대박!

내 최애들이 사방팔방-

망상은 여기서 그치지 않아서

길거리에서 시비 거는 사람들도 전부 배우들이라 믿었다.

3. 투렛 증후군

김두레야, 오랜만이네!
그동안 잘 지냈어??

웅, 잘 지냈어!
그리고-

X 같은 후레아이야 어머니
아버지는 강녕하시니?
이 가쵸옥 같은 느그의
안부는 어떠했니?

오옹?
뭐여. 대화의 흐름이
저세상인디?

갑자기 욕설을 내뱉는 투렛 증후군

어느 드라마에서 배우 이광수가 연기하기도 했는데

오오오! 그분이 오신다!

얼굴을 반복적으로 찡그리거나 어깨를 들썩이고

갑자기 소리를 지르는 증상을 보이기도 한다.

마주하면 굉장히 당혹스러운 질병이지만

아무 관심도 주지 않고 그대로 두어야 한다.

4. 절단 증후군

쩝쩝
우걱우걱
콰득콰득

콰드득
콰드득

저…저기…

오늘 인터뷰하기로 한…

아, 저런. 죄송하게 됐습니다.
제가 식사를 늦게 해서…

제가 결례를
범했군요.

찰칵
찰칵
찰칵

자신의 몸을 먹고 싶은 충동을 자제할 수 없는 병인
절단 증후군!

미국 국립보건원이 2012년에 발표한 내용에 따르면
인도에 이 같은 일을 벌인 남성이 있었다.

아니, 그냥 손톱만 뜯기엔
아쉬워서.

중생아
무엇을 그리 달고 있느냐

레스－이즈－모요아

말 그대로 신체를 절단하고자 욕망하는 질환

절단 증후군의 만렙 버전으로

Lv.999

Lv.52

절단이가 성님께
인사 오지게 박습니다!!

팔다리에 아무 문제가 없는데도

만약 있잖아,
내 몸의 일부가…

괴생명체라 인식하고

...

자르고 싶은 충동을 참을 수 없다고 한다.

실제 이 병을 앓던 존이라는 남성은
오래도록 이런 충동에 시달리다가

다리를 자르고 나서야 평안을 얻었다 한다.

우측 마루엽*에 문제가 있어 생기는 질환이라 추측되나

*대뇌피질의 바깥쪽 표면과
안쪽 표면에 걸쳐 있으며
감각신경원이 들어 있다.

**아직까지는 원인이 정확히
밝혀지지 않았다.**

대개 팔보다 다리를 자르고 싶어 하며

여성보다는 남성에게 많이 나타나는 것이 특징이다.

6. 생식기 후퇴 증후군

어…어…

없다!!!!

우리 손주 왜 그러누?

거시기 후퇴 증후군

이 증후군으로 말할 것 같으면

그곳이 작아지거나 사라진 것 같은
공포에 시달리는 질환으로

매우 난감한 증상이지만

그럼에도 걱정하지 마시라.

'그것'은 결코 당신을 떠나지 않을 것이니

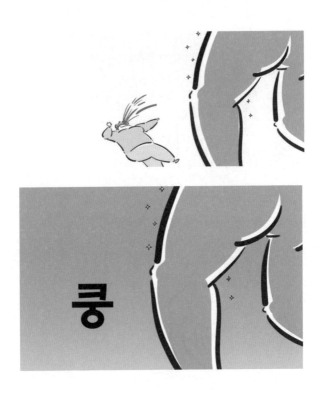

스탕달 증후군

저런 저런…

멋진 예술작품을 보고 순간적으로 흥분하거나 현기증, 호흡곤란,
전신마비 등의 이상증세를 보이는 증후군으로

나란 동상은
치명적 예술품…

오늘만
4명 쓰러뜨렸구먼.

1817년 이탈리아에서 아름다운 조각상을 보고
다리가 후달린 작가 스탕달의 이름에서 따온 증후군이다.

멋지구먼.

또 다른 신기한 정신질환들

찰스 보넷 증후군

시각에 손상을 입은 사람들이 생생한 환각을 경험하는 증후군이다. 이 증후군을 앓는 사람들은 패턴을 보거나 사람이나 건물 등 더욱 생생한 환각을 경험하기도 한다. 비장애인들이 상상할 때 보는 것보다 훨씬 뚜렷하다고 한다.

유령병(Ghost Sickness)

유령병은 나바호족 같은 북아메리카 원주민들 사이에서 나타나는 질병이다. 주로 죽은 이에게 집착하는 사람들이 이 병에 시달린다고 한다. 입맛을 잃거나 질식할 것 같은 기분과 공포감을 느끼고, 반복적으로 악몽을 꾸는 증상이 나타난다. 원주민들은 이 병이 유령 혹은 마녀들의 소행이라고 생각한다.

서스토(Susto)

북아메리카 원주민들 사이에서 나타나는 질병이다. 영혼의 공격이라고 불리는 이 질환은 긴장, 신경성 식욕 부진, 불면증, 무기력함, 열감, 우울감 혹은 설사를 동반하며, 심한 경우 사망에 이른다. 평소 건강에 아무런 문제가 없는 사람에게도 갑작스럽게 발병해 신체적, 심리적 외상을 발생시킨다.

하이브리스토필리아

끔찍한 범죄를 저지른 남성에게 매력을 느끼는 증후군이다. 실제로 교정 시설에 수감되어 있는 극악 범죄자들에게 팬레터를 보내는 여성들도 있다. 범죄를 저지른 남성이 가장 강하다고 생각해 이들에게 매력을 느끼는 증후군이라고 한다.

연쇄 살인마 제프리 다머는
수감 중 여성들에게
러브레터와 선물, 돈을 받았으며

연쇄 살인마 리처드 라미레즈는
수감 중 자신에게 75통가량의
러브레터를 보낸 여성과 결혼했다.

게으르다.

핑계나 댄다.

정신병자다.

모두 정신질환 뒤에 따라붙는 수식어입니다.

대체로 신체의 병은 적절한 공감과 위로를 받지만, 마음의 병은 그만큼 대우받지 못하는 경우가 많습니다. 사회적 시선을 신경 쓰느라, 자신이 마음의 병에 걸려도 이 사실을 부정하거나 쉽사리 병원에 가지 못해 치료 시기를 놓치곤 하지요. 《할짝 심리학》을 연재하면서, 폭식과 과도한 수면 때문에 고통받았는데 나중에 보니 이것이 우울증 증세라는 걸 처음 알았다고 고백하는 독자도 여러 명 보았습니다.

우울증을 앓고 있는 사람은 대부분 우울증에 고통받으면서도 증상을 한정적으로 단정 짓고 평가하는 시선 탓에 제대로 이해받지 못하고 오히려 게으르다는 낙인이 찍히기도 합니다. 이와 비슷하게, 조현병 환자가 어렵게 치료를 받아 다시 사회에 복귀하더라도 주변의 차가운 시선과 오해 때문에 다시 병원에 돌아오는 경우(이를 회전문 현상이라고 합니다)가 비일비재합니다. 이런 편견과 오해를 유쾌한 만화를 통해 조금이나마 줄여보고 싶었습니다.

　마음의 병은 신체의 병과 마찬가지입니다. 의지 문제가 아니지요. 심장이 약한 사람에게 본인의 의지로 심장을 강하게 단련하라고 주문하거나 암 환자에게 스스로 암세포를 없애라는 식의 허무맹랑한 조언은 하지 않을 겁니다. 정신장애도 이와 같습니다. 뇌에서 분비되는 신경전달물질이 잘못되거나 뇌의 어느 한 부분에 문제가 생겨 발생하므로 적극적으로 병원 치료를 받아야 합니다.

　제가 쏘아 올린 이 작은 병맛 만화가 누군가에게는 위로를, 누군가에게는 자그마한 인식의 변화를 가져다주었으면 좋겠습니다.

　《할짝 심리학》의 두 번째 책 출간 소식에 누구보다 기뻐해준 가족과 지인들, 좋은 책을 만들기 위해 항상 노력해주신 한빛비즈 박 차장님, 격려와 응원을 보내주신 독자 여러분께 감사의 말씀을 전합니다.

참고문헌 ✦ ✦

국내서

- 로버트 K. 레슬러, 손명희·황정하 옮김, 《살인자들과의 인터뷰》, 바다출판사, 2004.
- 클라우스 베른하르트, 이미옥 옮김, 《어느 날 갑자기 공황이 찾아왔다》, 흐름출판, 2019.
- 헤르만 헤세, 김이섭 옮김, 《수레바퀴 아래서》, 민음사, 2001.
- American Psychiatric Association, 권준수 옮김, 《DSM-5 정신질환의 진단 및 통계 편람》, 학지사, 2015.

국외서

- Adam Parks, *A Sense of Shock: The Impact of Impressionism on Modern British and Irish Writing*, Oxford University Press, 2011.
- Arne Eggum, *Edvard Munch: Paintings, Sketches, and Studies*, C.N. Potter, 1984.
- David Sweetman, *Van Gogh: His Life and His Art*, Touchstone, 1990.
- Ingo F. Walther, *Van Gogh: The Complete Paintings*, Taschen, 1994.
- Josh Jones, *Virginia Woolf's Handwritten Suicide Note: A Painful and Poignant Farewell*, Open Culture, 1941.
- Leonard Woolf, *Beginning Again: An Autobiography of the Years 1911 to 1918*, Harcourt Brace Jovanovich, 1964.
- Richard J. Gerrig, *Life and psychology*, Pearson, 2005.
- SueSue Prideaux, *Edvard Munch: Behind the Scream*, Yale University Press, 2005.

기타

- BBC Three, 〈The Voices In My Head〉, 2018.
- Cecilia McGough, 〈I Am Not a Monster: Schizophrenia〉, TED, 2017.
- Dr. Xavier Amador, 〈I'm Not Sick, I Don't Need Help!〉, TED, 2017.
- Erica Goode, John F. Nash Jr. Math Genius Defined by a 'Beautiful Mind' Dies at 86, *The New York Times*, 2015.
- Harvard Health Publishing, What causes depression?: Onset of depression more complex than a brain chemical imbalance, 2009.
- Nancy Schimelpfening, The chemistry of Depression: What is the Biochemical Basis of Depression?, Verywellmind, 2020.
- Stephen Ilardi, 〈Depression is a Disease of Civilization〉, TED, 2013.
- Sylvia Nasar, The Lost Years of a Nobel Laureate, *The New York Times*, 1994.
- Ted Sherman & Myles Ma, Famed 'A Beautiful Mind' mathematician John Nash, wife, killed in N.J. Turnpike crash, NJ Advance Media for NJ.com, 2015.
- The LEAP Institute, 〈Living With Schizophrenia〉, 2013.
- Vincent van Gogh The Letters, vangoghletters.org.